經典
少年遊

010

李後主

思鄉的皇帝

Li Yü
Emperor in Exile

繪本

故事◎比方
繪圖◎查理宛豬

曾經，中國的南方出現過一個叫南唐的王朝，它的壽命只有短短三十九年，前後也只有三個皇帝：祖父、爸爸、兒子。這位兒子就是李煜，李後主。他誕生在農曆七月七日，傳說是天上的牛郎和織女一年一度跨越鵲橋相見的日子。

更稀奇的是，他的一隻眼睛有兩個瞳孔，據說許多偉大的帝王都有這種眼睛。

4

李後主排行第六，本來輪不到他當皇帝。但他的大哥為了爭奪帝位，派人毒死了親叔叔，沒多久，自己也莫名其妙地暴斃了。李後主從小目睹這些慘劇，曾經心生嚮往能歸隱山林，自由自在地做個一葉舟、一釣竿的漁夫。

李後主當上皇帝的時候，南唐已經淪為北宋的附庸國，每年都要進貢大批財物。有一年，他派弟弟當使者進貢，還被強留下來當人質，音訊全無。大雁會傳遞書信，眼看牠已隨著春天飛回江南了，但就是沒有帶來半點弟弟的消息。

7

終於，北宋兵臨城下。李後主穿著布衣投降，被匆匆地押往北宋的都城，揮別故國，從此開始了淒涼的幽禁生活。

南唐有近四十年的歷史、三千里的土地，但是全都突然不見了。讓李後主不禁感嘆：「不，不是不見，是山河依舊，卻已經容不下我的身影。」

他懷念江南和往昔的歡樂時光，
於是開始做很多夢。
彷彿是好遠好遠以前的事。夢中
的他回到江南，那時正是美麗的
春天時節，芳草綿綿，百花盛
開，吐露著芬芳的氣息，害得看
花的人好忙喔！

他還常常登上小樓，倚著欄杆眺望南方。因為天空的另一端，就是他日思夜想的故國。

他一再告訴自己，這只會令他傷心難過。因為過去和現在，就好像一個天上、一個人間，隔得好遠好遠，是不可能相逢了。

春花就像搽著胭脂的美女，點點的雨滴就好像一顆顆的眼淚，從她的臉龐輕輕滑下。讓他想問，自己什麼時候才能和那些美麗的花朵再見面？

唉，他的悔恨又長又多，就像春天的江水，日日夜夜不停地向東邊奔流。

轉眼，李後主被監禁已經快要兩
年了。

這幾年，大概沒幾個人記得他
了，親朋舊友也不敢來探望。因
為很久沒人來，庭院一片荒涼，
小小、綠綠的苔蘚慢慢地爬上石
階。而他連門上的珠簾也懶得捲
起來了。

離開江南愈久，就愈想念它的一景一物，那兒的青山綠水是否依舊？思念故國的愁緒就好像千絲萬縷纏在一起的絲線，怎麼剪也剪不斷，怎麼理也理不清。是甜？是苦？是酸？是澀？李後主心裡，真有一種說不出的滋味。

究竟一顆心有多大，能裝下多少憂愁？

也許就像一江春水，永遠不停地向東奔流吧！

但是，據說就是因為這首詩，李後主被一壺藥酒毒死了。雖然李後主寫詞寫到讓自己因此斷送了性命，卻為詞壇打開了更開闊的眼界，提升了詞的層次，沒有任何一個會寫詩詞的皇帝可以比得上他。

李後主
思鄉的皇帝

讀本

原著◎李煜
原典改寫◎劉思源

李後主的詞在中國文學史上擁有極高的地位，究竟有哪些人，成就了李後主不凡的詩詞創作？

李後主（937～978年）名李煜，是南唐最後一位皇帝，因此被稱為「後主」。他寫得一手好詞，又善於繪畫。他並不愛管理政事，最喜歡創作以及享樂，南唐被宋太祖滅亡後，他被俘虜到開封，從皇帝變成囚犯。最後被宋太宗賜死，結束短暫的一生，只有四十一歲。

李後主

相關的人物

臺灣大學圖書館藏

李璟

李昇

李弘冀

李璟是李昇的兒子，也是李後主的父親，是南唐第二位皇帝。李璟的第二子到第五子均早死，李煜其實是他的第六子。在長子李弘冀過世後，李璟便將李煜立為太子。李璟的書法寫得很好，詞也頗佳，後世將他與兒子李後主所作的詞彙集成《南唐二主詞》（上圖）。

李昇原名徐知誥，是南唐烈祖，原本是南吳大丞相徐溫的養子。之後掌握了南吳的政權，更進一步廢黜吳帝楊溥，登上皇位，建立南唐，隔年將姓名改為李昇。

李弘冀是李璟的長子，李後主的長兄。由於李弘冀一心想穩固自己的太子地位，李後主為避免遭受太子的猜忌，不敢參與政事，每天讀書為樂，以避禍端。沒想到李弘冀在毒死了自己的叔父後不久也死了。李煜最後仍被立為太子，成為南唐最後一位皇帝。

大周后

大周后是李後主的皇后，才華洋溢，精通音樂與舞蹈，與李後主能互相應和，兩人感情甚篤。李後主早期有許多詞作，都在描寫他跟大周后之間的宮廷享樂生活。大周后生病期間，他們的小兒子夭折，造成大周后病情惡化，最後去世。

小周后

小周后是大周后的妹妹，在大周后生病期間進宮探視姊姊，卻和李後主暗通款曲。小周后在大周后過世後，成為李煜繼后。南唐被滅後，隨著李煜一同被軟禁在開封。

宋太祖

宋太祖（下圖）趙匡胤是宋朝的建立者，他原是後周的禁軍總將領，後發動陳橋兵變，建立了宋朝。他相繼消滅後蜀、南漢、南唐等割據政權，結束唐朝末年之後的藩鎮割據局面。他滅了南唐後，將李後主俘虜到開封，甚至還封李煜為「違命侯」。

宋太宗

宋太宗趙光義為宋太祖的弟弟。在宋太祖暴死後繼位。李後主在開封軟禁期間，時常感嘆亡國之痛，也寫作了許多懷念故土的詞。據傳這些詞作激怒了宋太宗，認為李後主仍有反叛之心，因此派人送毒給李後主賜死，也就是逼他自殺。

生於富貴宮廷，卻成了亡國君主，
在李後主跌宕起伏的一生中，有哪些重要的時刻呢？

937 年

李後主生於 937 年，即南唐建國那一年。初名從嘉，即位後，改名為煜，字重光。他出生時相貌異於常人，據說有一隻眼睛是「重瞳」，也就是有兩個瞳孔。

出生

955 年

李煜與長他一歲的大周后於此年締婚，兩人享受了愉快的十年婚姻生活，並生有兩子李仲寓、李仲宣。李煜在與大周后結婚的這段時間，創作了許多描繪宮廷宴樂以及夫妻兩人情趣的詞作。

結婚

相關的時間

960 年

趙匡胤原為後周禁軍最高統領，在此年發動陳橋兵變，取代後周，建立宋朝。

陳橋兵變

TOP PHOTO

登基即位

961 年

這年李璟遷都南昌，並立李煜為太子，令他留在金陵。六月李璟駕崩，李煜便在金陵登基即位。圖為南唐「唐國通寶」錢幣，是李璟在位期間鑄造。

喪妻

965 年
李後主的愛妻大周后在 965 年病逝。李後主傷心欲絕，
為她寫下了多篇詩詞，已知最長的一篇是感人肺腑的
〈衣昭惠周后誄〉，李候主還自封為鰥夫煜。

向宋稱臣

971 年
宋太祖先滅了南漢，南唐向宋朝
稱臣，李後主還把自己降格為「江
南國主」，表示願意取消「南唐」
國號。

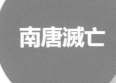

南唐滅亡

975 年
宋太祖幾番令李後主至開封，他都託病不去。最後宋
太祖在這一年派曹彬攻打金陵，滅了南唐，並將李後
主俘虜到開封軟禁，封他為「違命侯」。

宋太宗即位

976 年
宋太祖於這一年暴死，得年五十
歲。其弟趙光義繼位為宋太宗。
太宗改封李後主為隴國公。

過世

978 年
李後主在被宋俘虜軟禁期間，一改他早期華靡的詞
風，創作出多首動人的作品，尤其是〈虞美人〉一首，
更是他成就最高的代表作。也因為這首詞，引來宋太
宗的不滿，在這一年賜毒給李後主，終結他的一生。

李後主出生在宮廷，又當上了皇帝，與他相關的宮廷事物有哪些呢？

李後主與其父親兩人皆長於作詞，尤其是後主，於是後人便將李後主與其父親的詞曲作品合編成《南唐二主詞》。

南唐二主詞

相關的事物

重瞳子就是一隻眼睛中有兩個瞳孔，在中國的命相學中，認為一個人若是眼睛有重瞳，就是屬於帝王的相貌。除了李後主之外，據記載造字的倉頡、舜、姬重耳（晉文公）和項羽也有重瞳。

重瞳

韓熙載是南唐的官員。李後主聽說韓熙載常夜宴荒縱，想知道他究竟荒唐到什麼地步。於是，他找了顧閎中夜裡到韓熙載家窺視，把夜宴情形繪畫成圖，呈交李後主觀看。此畫將當時大家玩樂時的神情和各人的性格表現得十分逼真，達到了極高的藝術水準。

韓熙載夜宴圖

澄心堂紙

澄心堂紙是李後主最喜愛的紙張，甚至還蓋了一座「澄心堂」，專門貯藏這種紙。據說這種紙張「膚軟如膜，堅潔如玉，細薄光潤」，意思是又軟又薄，還透著光亮，因此受到當時文人的喜愛。右圖為宋朝畫家李公麟的〈五馬圖〉，所使用的畫紙即為澄心堂紙。

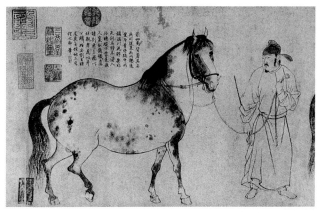

TOP PHOTO

牽機毒

據說宋太宗是用牽機毒殺害李後主。牽機毒也就是中藥「馬錢子」，服用後會破壞中樞神經系統，全身抽搐，頭腳縮在一起。

玉哀冊

唐代開始出現這樣的禮儀，將帝王下葬時所讀的哀悼文，刻在玉上，稱為玉哀冊（右圖）。李後主的祖父與父親都獲得這樣的玉哀冊，記錄了他們的政績。可惜李後主過世時已經是個亡國之君，無從以玉哀冊悼念。

TOP PHOTO

南唐首創

「北苑妝」是南唐宮廷婦女的一種化妝方式：宮嬪縷金於面，略施淡妝，然後把茶油花子製成的花餅貼在額頭上。南唐宮女另首創「天水碧」的綠色染色技術，「天水碧」成為建康城內許多染坊的招牌。

李後主自從被宋太祖俘虜之後，一直無法忘懷南唐故土。到底哪些地點與李後主的南唐回憶有關呢？

清涼山是中國南京城西郊的一片丘陵山崗，後主李煜在山中興建避暑行宮，之後改為清涼寺，闢為清涼道場，從此改名清涼山，成為南京名勝之一。清涼寺舊藏「三絕」，即董羽畫龍，李後主八分書和李霄遠的草書。

相關的地方

秦淮河是南京第一大河，分為內河與外河，內河位在南京城中，自古便是最繁華的地方。河中有裝飾華麗的船隻，岸邊有熱鬧的歌樓舞館，這樣的繁華讓李後主亡國後仍念念不忘地寫下「想得玉樓瑤殿影，空照秦淮」。

邙山在洛陽城北，是洛陽北面的一道天然屏障。因其峰巒起伏，日暮時分風景迤邐，故「邙山晚眺」為洛陽八景之一。南唐李後主之墓就葬在邙山上。

黃山

黃山（右圖）位於安徽省南部黃山市境內，有「天下第一奇山」之美稱。相傳黃帝軒轅氏曾在此煉丹，就連李白等大詩人也在此留下了壯美詩篇。不過黃山這個地方不僅有秀美的風景，黃山市更是古來以出產精良的紙和硯聞名。李後主最喜愛的澄心堂紙就是出產於此。

TOP PHOTO

南唐二陵

南唐二陵（右圖）是指南唐烈祖的欽陵與中主的順陵，即李後主的爺爺與爸爸的陵寢。它位在祖堂山的南邊，早年曾多次被盜，現今留下的文物約有六百多件，包括陶俑、瓷器等。由於李後主致使南唐滅亡，又被俘虜離開故土，因此他並沒有和先祖一同葬於祖墳。

TOP PHOTO

原典

清ㄑㄧㄥ 平ㄆㄧㄥ 樂ㄩㄝ

別ㄅㄧㄝˊ 來ㄌㄞˊ 春ㄔㄨㄣ 半ㄅㄢˋ ，

觸ㄔㄨˋ 目ㄇㄨˋ¹ 愁ㄔㄡˊ 腸ㄔㄤˊ² 斷ㄉㄨㄢˋ 。

砌ㄑㄧˋ³ 下ㄒㄧㄚˋ 落ㄌㄨㄛˋ 梅ㄇㄟˊ 如ㄖㄨˊ 雪ㄒㄩㄝˇ 亂ㄌㄨㄢˋ ，

拂ㄈㄨˊ⁴ 了ㄌㄧㄠˇ 一ㄧ 身ㄕㄣ 還ㄏㄨㄢˊ 滿ㄇㄢˇ⁵ 。

1. 觸目：目光所及
2. 愁腸：憂鬱的心思
3. 砌：台階
4. 拂：擦拭
5. 滿：身上沾滿花瓣

雁來音信無憑[6]，

路遙歸夢難成[7]。

離恨[8]恰如春草，

更行更遠還生[9]。

6. 憑：依據
7. 歸夢：指在夢裡回到故國
8. 離恨：因離別而產生的憂愁怨恨
9. 生：生長、蔓延

換個方式讀讀看

　　南唐本來很富裕，但南唐第二個皇帝李璟連年征戰，兵敗如山倒，把長江以北的土地全部割讓給敵人。輪到李煜當皇帝時，南唐更淪落為北宋的附庸國，每年都要向北宋進貢大批財貨。

　　有一年，李煜派七弟從善當使者向北宋朝貢。北宋皇帝趙匡胤賜給從善一座美麗的府邸，要他住下來，不准回江南。不管李煜寫了多少封信，請求趙匡胤放從善回國，都被拒絕。

　　從善是人質、肉票，這是小國的無奈，而李煜也只能藉著詩詞興嘆：

　　弟弟離開家鄉已經很久了，眼看春天已經過了大半，仍然聽不見他歸來的消息。

　　不管我走到哪兒，眼前都春意濃濃，新柳綠，芳草香，這裡的景物一

點兒也沒變，卻偏偏少了他一個人，真令人悲傷不已。

　　那種痛，好像要把我的腸子都折斷了。弟弟，你在北方過得好不好？你的一舉一動都有人監視著，有沒有人欺侮你？有沒有人刁難你？

　　前面的台階下有幾株梅花，風一吹，一片片白色的花瓣像雪花般紛紛飄落，沾滿了我的頭髮、臉龐、衣襟……我試著拍掉身上的花瓣，沒想到才拍掉一些，風一吹，花瓣又紛紛落下，沾滿了我一身。這些亂紛紛的花瓣好像怎麼拍也拍不盡，如同我對你的思念，沒有一刻停歇。

　　聽說大雁會傳遞書信，但牠已隨著春天的風飛回江南，卻沒有帶來半點弟弟的音信。弟弟彷彿在遙遠的天邊，回家的路途又遠又艱難，連做夢回來一趟都變得好難。

　　離別的怨與恨就像春天的小草，不管我走多久、走多遠，還是一直不停地生長和蔓延，真煩人啊。

原典

破陣子

四十年來家國，
三千里地山河。
鳳閣龍樓[1]連霄漢[2]，
瓊枝玉樹作煙蘿[3]。
幾曾識干戈[4]。

1. 鳳閣龍樓：帝王居住的地方
2. 霄漢：天空
3. 煙蘿：草樹生長茂密
4. 干戈：戰爭

一旦歸為臣虜[5]，
沈腰[6]潘鬢[7]消磨[8]。
最是倉皇[9]辭[10]廟[11]日，
教坊猶奏別離歌。
垂淚[12]對宮娥[13]。

5. 虜：俘虜
6. 沈腰：因生病而消瘦
7. 潘鬢：鬢髮變白
8. 消磨：消耗折磨
9. 倉皇：匆促
10. 辭：告別
11. 廟：祭祀祖先的宗廟
12. 垂淚：流淚
13. 宮娥：宮女

換個方式讀讀看

　　北宋皇帝趙匡胤滅了江南四國後，終於把劍指向南唐。趙匡胤召李煜進京，打算把他囚禁在汴京，這樣就能不費一兵一卒，拿下江南廣大的土地。

　　李煜不敢去，決心備戰。偏偏他慌了手腳，老是犯忌，例如聽信小人，殺了忠心的大臣，委派貪婪又殘暴的笨蛋當將軍。

　　趙匡胤派水陸大軍團團包圍金陵。李煜穿著布衣投降，然後就被匆匆押往北宋的都城汴京，從此展開淒涼的幽禁生活。

　　一瞬間，他從皇上變為囚徒。在李煜心中，頻頻想起國破家亡的那天：

　　曾經，南唐有四十年的歷史，三千里遼闊的土地。但是有一天，我的國、我的家，突然統統不見了。

　　我還記得這兒曾有許多巍峨的宮殿樓閣，一座連著一座，高高地直入

雲端，每個簷邊、脊角、柱梁都鏤刻著精美的龍鳳。

　　我還記得宮苑裡栽種著許多珍奇的樹木和花卉，藤蘿密密麻麻交纏著，宛如天上的仙境。

　　我從小生長在深宮內院中，哪裡曾看過戰爭？上過戰場？

　　沒想到一場戰爭，就讓我從高高在上的皇位跌下來，戴上俘虜的腳鐐。我的身心都受盡折磨，我曾聽說南朝男子沈約的腰又細又瘦，也聽說晉朝的潘岳年紀輕輕頭髮就一片斑白。他們髮白身瘦的模樣就是我日漸憔悴的寫照。

　　我永遠不會忘記，那天我要離開江南時，胡亂地穿了件衣服，什麼東西也沒拿，驚慌地去宗廟辭別祖先的情景。教坊的樂工輕輕奏起淒涼的離別歌，宮娥們慌慌張張地哭個不停。我現在已經是囚犯，雖然擔心宮娥的未來，卻什麼也不能做，什麼都不能說，只能對著她們一直掉眼淚。

原典

望ㄨㄤˋ江ㄐㄧㄤ 南ㄋㄢˊ

閒ㄒㄧㄢˊ夢ㄇㄥˋ遠ㄩㄢˇ，

南ㄋㄢˊ國ㄍㄨㄛˊ正ㄓㄥˋ芳ㄈㄤ春ㄔㄨㄣ[1]。

船ㄔㄨㄢˊ上ㄕㄤˋ管ㄍㄨㄢˇ弦ㄒㄧㄢˊ[2]江ㄐㄧㄤ面ㄇㄧㄢˋ綠ㄌㄩˋ，

1. 芳春：春天
2. 管弦：此指演奏音樂

滿ㄇㄢˇ城ㄔㄥˊ飛ㄈㄟ絮ㄒㄩˋ³滾ㄍㄨㄣˇ輕ㄑㄧㄥ塵ㄔㄣˊ，

忙ㄇㄤˊ殺ㄕㄚ⁴看ㄎㄢˋ花ㄏㄨㄚ人ㄖㄣˊ！

3. 絮：柳絮
4. 殺：同煞，形容極甚

換個方式讀讀看

　　李煜熬過在北方第一個寒冷的冬天。

　　往日的繁華彷彿一場夢，他只能喝酒來麻木自己。本來皇家府庫每天都會配給他三石酒，但他每日狂飲，引得趙匡胤不滿，下令不准給他酒喝。李煜克制不了酒癮，上書哀求趙匡胤，「沒有酒我怎麼度日呢？」

　　趙匡胤想想也對，取消了禁令。連喝杯酒都要別人批准，可見他多麼沒有自由和尊嚴。

　　他喝酒喝得更多了，醉了倒頭就睡，想要忘卻一切的憂傷和悔恨，偏偏心不聽話，老是飛回江南。他想念故國、想念家鄉，想念舊時的宮人們，偷偷地流淚。

　　他寫信給宮人說：「我在這兒日日夜夜都是用眼淚洗臉。」

他不停地做夢，夢見江南和往昔的歡樂時光：

　　我做了一場夢，如真似幻，彷彿是好遠好遠以前的事。夢中我回到江南，那時正是美麗的春天時節，芳草綿綿，百花盛開，吐露芬芳的氣息。

　　一到春天，城裡的人們都忙著泛舟和賞花，江水在綠樹映照下，顯得特別碧綠，如寶石般散發著瑩光。

　　小舟上有人弄笛，有人彈琴，處處都傳來動人的樂聲，迴盪在碧波間。

　　走在路上，春風輕輕地吹著，腳底揚起輕輕的灰塵，滿城的楊花柳絮在風中翻飛，路旁、小院、山野開滿各種顏色的美麗花朵，害得看花的人好忙喔！

原典

浪（ㄌㄤˋ）淘（ㄊㄠˊ）沙（ㄕㄚ）

簾（ㄌㄧㄢˊ）外（ㄨㄞˋ）雨（ㄩˇ）潺（ㄔㄢˊ）潺（ㄔㄢˊ）[1]，

春（ㄔㄨㄣ）意（ㄧˋ）闌（ㄌㄢˊ）珊（ㄕㄢ）[2]。

羅（ㄌㄨㄛˊ）衾（ㄑㄧㄣ）[3]不（ㄅㄨˋ）耐（ㄋㄞˋ）[4]五（ㄨˇ）更（ㄍㄥ）寒（ㄏㄢˊ）。

夢（ㄇㄥˋ）裡（ㄌㄧˇ）不（ㄅㄨˋ）知（ㄓ）身（ㄕㄣ）是（ㄕˋ）客（ㄎㄜˋ），

一（ㄧˋ）晌（ㄕㄤˇ）[5]貪（ㄊㄢ）歡（ㄏㄨㄢ）。

1. 潺潺：雨聲
2. 闌珊：衰敗
3. 衾：被子
4. 耐：承受
5. 一晌：片刻

獨自莫憑欄[6]，

無限江山，

別時容易見時難。

流水落花春去也，

天上人間[7]。

6. 憑欄：倚著欄杆
7. 天上人間：比喻兩者的遭遇不同

換個方式讀讀看

　　李煜囚禁的府邸裡有座小樓，他常常登上小樓，倚著欄杆眺望南方。他看著那片遼闊的山河，心裡就一陣陣刺痛，忍不住掉淚。

　　李煜在很多詞中都寫了他的憾恨。但他憾恨的是國家亡了？還是失去往昔奢華的生活？李煜是個很愛享樂的人，他和大、小周后都喜歡夜宴。每次辦宴會都要花許多錢重新布置宮殿，例如在天花板懸吊大明珠，地上鋪彩色的錦羅，更別說還要製作新的舞衣、舞鞋了。他還喜愛薰香，宮裡有專門焚香的宮女，連香爐都是用金玉做成的。音樂歌舞更是少不了。而這些往事，如今平添回憶的淒涼罷了：

　　滴、滴、答、答……
　　天蒙蒙亮，我就驚醒了，再也睡不著。
　　窗簾外雨下個不停，園裡的花草被寒風細雨打得疏疏落落，一切顯得淒涼，看來春天就快要過去了。
　　我躺在床上，即使擁著絲綢做的被子，也抵擋不住清晨的絲絲寒意，

打起哆嗦。

昨夜我夢見自己回到南唐的宮苑裡。

樂手們彈琴吹笙，宮娥們穿著曳地的長裙，頭上斜插著金釵，隨著樂聲在紅色的地毯上翩翩起舞。我擁著美麗的皇后，一杯接一杯喝著美酒，多麼快樂。

在夢中，我忘了作客他鄉的愁苦，忘了刻印在身上的屈辱。沒想到這只是一場短暫的美夢，令人貪戀不已。

我告訴自己，不要再一個人登上小樓眺望遠方了，那會令我想起江南，忍不住傷心難過。當年我匆匆地離開江南，如今想回去，再見它一面都不可能。

落花隨著流水漂走了，春天也跟著離開，人生也一樣，過去的時光不可能再回來。過去和現在，就好像一個天上，一個人間，隔得好遠好遠，再也無法相逢了。

原典

相見歡

林花謝了春紅[1]，

太匆匆，

無奈朝來寒雨晚來風。

胭脂淚，

1. 了：完、盡

相留醉，

幾時重[2]。

自是人生長恨水長東[3]。

2. 重：重來、再度
3. 水長東：指江水總是往東邊奔流入海

換個方式讀讀看

　　李煜的筆是魔術師，既在寫詩詞，又像在畫畫。

　　因此他寫的詩詞，看起來就像一幅圖畫，有顏色，有遠景，有近景。

　　晚春時節，一連好幾天的風雨，讓林中原本嬌豔的花朵失去了美麗的顏色：

　　匆匆凋謝，一朵朵的從枝頭掉落。花兒為什麼謝得那麼快？

　　是不是受不了每天早上寒雨的敲打，以及晚風的吹襲？花兒走了，春天也一下子就失去蹤影。

　　人生不也是這樣？

不曉得什麼時候會碰上狂風暴雨，毫不留情地把我們打得遍體鱗傷？

在我的眼中，林花就好像一位搽著胭脂的美女。

點點的雨滴就好像一顆顆的眼淚，從她臉龐輕輕滑下來，令人迷醉，又感覺有點淒涼。

不知道什麼時候才能和這些美麗的花朵再見面？

其實我心裡知道，花一旦落了，就再也不能回到枝頭上。

失去的無法挽回。

我的春天，我的國家，不管我再怎麼呼喚，也永遠回不來了。

人生的悔恨又長又多，好像春天的江水日日夜夜不停地向東邊奔流。

原典

漁父詞

浪花有意千重雪，
桃李無言一隊春。
一壺酒，
一竿綸[1]，
世上如儂[2]有幾人？

1. 綸：釣線
2. 儂：我

一棹[3]春風一葉舟，

一綸繭縷[4]一輕鉤。

花滿渚[5]，

酒盈甌[6]，

萬頃[7]波中得自由。

3. 棹：船
4. 繭縷：釣線
5. 渚：水中的小陸地
6. 甌：酒瓶
7. 萬頃：非常廣大

換個方式讀讀看

這二首詞是李煜當皇子的時候寫的。

皇帝的龍椅只有一座，宮廷裡的鬥爭非常激烈。南唐也免不了這種宿命。李煜是李璟的第六個兒子，本來輪不到他當皇帝。但他的大哥為了爭奪帝位，派人毒死了親叔叔，沒多久，自己也莫名其妙地暴斃了。從小目睹這些慘劇的李煜，不免心生歸隱山林之意，自由自在地做一個農夫或漁夫。

有一次，南唐的名畫家衛賢畫了一幅水墨畫，畫中有一個白頭髮的老漁翁悠閒地在江上泛舟垂釣。這幅畫剛好反映了李煜當時的心境，他便提筆寫了這二首詞在上面。

當他被囚禁在汴京時，不知是否回想過這二首年少時寫的詞？

春天的江邊，是色彩繽紛的調色盤，你看，那一波波的浪潮嘩啦嘩啦地湧過來，推推擠擠地掀起無數的白色浪花，就好像層層疊疊的白雪撲

過來。

　　岸邊的桃花和李花靜悄悄地都開了，一大片一大片紅的、白的、紫的花朵，把天空灑上深深淺淺的染料，暖暖的陽光，芬芳的花朵，清清的流水，交織出濃濃的春天氣息。

　　你看，船上有個老漁夫，他只帶著一壺酒、拿著一根釣竿就來釣魚了。

　　世上的人忙著工作、忙著升官、忙著發財，有幾個人能像他這麼自由快活啊？

　　漁夫雙手搖著槳往前划，小小的船在風中搖擺。一會兒他停下船，拿出釣竿，輕輕拋出繫著小鉤的絲線，靜靜等待魚兒上鉤。

　　眼前盡是沙洲上盛開的花朵，這時再倒滿一杯美酒，大口喝下去，心情多麼暢快！我真羨慕老漁夫，有一天我也要像他一樣，駕著一條小舟，自由自在地於無邊無際的波濤中遨遊，把世上的煩惱統統丟掉。

原典

浪淘沙

往事只堪哀，

對景難排²。

秋風庭院蘚侵³階，

一桁珠簾⁴閒不捲，

終日誰來？

1. 堪：能，可
2. 排：排遣憂愁
3. 侵：指苔蘚密布石階
4. 珠簾：以珍珠裝飾而成的簾子

金鎖已沉埋，
壯氣蒿萊[5]，
晚涼天淨月華[6]開，
想得玉樓瑤殿[7]影，
空照秦淮[8]！

5. 蒿萊：消沉衰敗
6. 月華：月光
7. 玉樓瑤殿：華麗的樓閣
8. 秦淮：河川名，流經南京，沿岸為金陵勝地

換個方式讀讀看

　　趙匡胤精心幫李煜打造了美麗的院子，這裡其實卻是他的囚籠。

　　裡頭有花草樹木、小橋流水、亭臺樓閣，布置得像個小小江南。但門外，有士兵把守。沒有北宋皇帝的手諭，李煜不能外出，別人也不能進來，一舉一動也被監視著，處境堪憐：

　　來到汴京快二年了，轉眼間秋天又靜悄悄地轉過頭來。

　　這幾年，我被監禁在這所小院裡，大概已經沒幾個人記得我，親朋舊友害怕被牽連，也不敢來探望我。這所小院已經很久沒有人來了，庭院一片荒涼，小小、綠綠的苔蘚慢慢地爬上一層層的石階，偷偷住了下來。

　　既然沒有客人，我連門上的那一串珠簾也懶得捲了，讓它長長地垂在那裡吧！

　　以前的舊事，一想起來就好悲哀，令人無法忘懷。

眼前樹葉凋零，雜草漫漫的景色更令人傷痛。

還記得三國時代的吳國嗎？它為了抵禦來勢洶洶的西晉水軍，在長江兩頭架起長長的鐵鎖鍊，橫跨整片江面，想要阻擾晉軍的船艦前進。

他們本來以為這下子國家就保住了，沒想到晉軍展開反擊，遇到鐵鎖時，就點燃火把將鐵鎖燒斷。那些長長的鐵鍊斷的斷、裂的裂，沉埋在深深的江底，吳國也跟著滅亡了。

南唐的命運就和吳國一樣！

曾經，南唐的將士拿起武器；曾經，南唐的船艦齊聚待發，但那股保衛國家的壯志和勇氣，早已隨著時間消沉在長長的野草之間。夜愈來愈深，愈來愈冷，天空的雲彩漸漸散去，月光特別明亮。

我想秦淮河畔那些南唐的華美宮殿樓閣已經人去樓空，只剩下孤零零的影子倒映在江面上。繁華一場，如夢，如影。

原典

相ㄒㄧㄤ 見ㄐㄧㄢ 歡ㄏㄨㄢ

無ㄨˊ 言ㄧㄢˊ 獨ㄉㄨˊ 上ㄕㄤˋ¹ 西ㄒㄧ 樓ㄌㄡˊ ，月ㄩㄝˋ 如ㄖㄨˊ 鉤ㄍㄡ 。

寂ㄐㄧˋ 寞ㄇㄛˋ 梧ㄨˊ 桐ㄊㄨㄥˊ² 深ㄕㄣ 院ㄩㄢˋ 鎖ㄙㄨㄛˇ³ 清ㄑㄧㄥ 秋ㄑㄧㄡ 。

1. 上：登上
2. 梧桐：植物
3. 鎖：籠罩

剪不斷，理⁴還亂，是離愁。

別是一一般⁵滋味在心頭。

4. 理：梳理、整理
5. 一般：一種

換個方式讀讀看

　　李煜是個多情的人，他先後娶了兩個妻子——大、小周后這對姊妹花。

　　大周后是音樂才女，曾經用一把琵琶，把失傳已久的〈霓裳羽衣曲〉重譜出來，小周后則活潑美麗。除了深愛大、小周后外，李煜對後宮的嬪妃、歌女、舞姬，甚至宮女都有一份很深的眷戀。

　　當日他匆匆北上，女孩們走的走，散的散，他想起來就忍不住掉淚。悔與恨之間不是加法，而是乘法，壓在心上會愈來愈沉重：

　　我默默無言，一個人走上高高的西樓。沒有人陪伴我，也沒有人可以說心事。我抬起頭，看見一抹彎彎的、細細的新月，好像一把鐮鉤，孤

零零的掛在遼闊的黑夜中。

　　我把眼光轉向小院，院子深處有許多梧桐樹，原本層層疊疊的葉片枯的枯、落的落，看起來寂寞又淒涼。

　　秋天好像被鎖在這個小小的院子裡，不停地徘徊和嘆息。

　　離開江南愈久，就愈想念它的一景一物，那兒的青山綠水是否依舊？

　　離別的愁緒就好像千絲萬縷纏在一起的絲線，怎麼剪也剪不斷，

　　怎麼理也理不清。

　　是甜？是苦？是酸？是澀？

　　有一種說不出的滋味留在心裡。

原典

虞美人

春花秋月[1]何時了[2]，

往事知多少？

小樓昨夜又東風，

故國[3]不堪[4]回首月明中。

1. 春花秋月：比喻美好的時光與景物
2. 了：結束
3. 故國：指南唐
4. 不堪：不忍

雕欄玉砌[5]應猶在，

只是朱顏[6]改。

問君能有幾多[7]愁，

恰似[8]一江春水向東流。

5. 雕欄玉砌：華麗的南唐宮殿
6. 朱顏：年輕的容貌
7. 幾多：多少
8. 恰似：正像

換個方式讀讀看

　　李煜寫這首詞時，趙匡胤已死，北宋換趙光義當皇帝。

　　有一次，趙光義派南唐的舊臣徐鉉去探望李煜。表面上是關心，其實是打探李煜的動靜。李煜拉著徐鉉的手，忍不住哭起來，並說很後悔當時殺了那些勸戒他的忠臣。

　　傳說，趙光義得知後就起了殺機，便在李煜生日那天，賜給他一壺牽機藥酒，把他毒死。牽機藥到底是什麼？據考證就是中藥「馬錢子」，它的種子含有毒性，不小心吃了，就會全身劇烈地抽筋，肌肉強力收縮，直到死的那一刻，都非常痛苦。其實李煜沒有一兵一卒，怎麼可能造反呢？真正給趙光義動手殺人藉口的，傳言就是這首詞，因此有人稱它為亡命詩：

　　三年了，春天的花開了又謝，謝了又開，秋天的月亮圓了又缺，缺了又圓。

　　一個季節接著一個季節，一年接著一年，這樣的循環什麼時候才能畫

下句點？

　　昨天我又忍不住爬到小樓上，我站在欄杆前，東風撲面而來，該不會是春天回來了吧？

　　天上的月亮明晃晃的，我彷彿看到江南的宮殿樓閣。

　　宮娥們裏著輕盈的羅裙，有些彈琵琶、有些吹簫。有些張開櫻桃小口高歌，有些穿著金縷鞋跳舞……

　　我真的不想再回憶起這些，免得一邊想一邊掉淚。

　　你還記得那些華麗的宮殿嗎？

　　那些雕梁畫棟，白玉堆砌的宮殿應該都還在舊地，只是當年的美女都已面容憔悴，失去了紅潤的臉色。

　　想起往日的美好，我又沉溺在愁恨的泥堆裡，拔不出來。我問自己，一個人心有多大，能裝下多少憂愁？

　　我想，我的愁恨就像一江滔滔的春水，永遠不停地向東奔流！

當李後主的朋友

如果有一天，你當上了皇帝的朋友，你一定會發現他的生活和我們真的不一樣。皇帝不需要幫媽媽做家事、不需要擠公車，他甚至會有專用飛機……你可能會很羨慕他看起來無憂無慮的帝王生活。然而，如果這位朋友是李後主——李煜的話，你反而會可憐起他來。

成為李後主的朋友，你一定會發現他的外型相當令人注目，據說他有重瞳，看起來就跟常人不太一樣。皇帝有一個很大的國家要管，忙得要命，哪有時間和我們做朋友呢？錯，當上李後主的朋友，你會發現他看書畫比看奏章的時間多；聽簫聲鼓聲，比聽大臣們的彙報還要多。要是問李後主今天批了什麼奏章？他可能會跟你聊起奏章是寫在澄心堂紙上，質地是如何細薄光滑，至於奏章內容，啊！已經想不起來了。他是個不及格的皇帝。

然而，有著深厚的文學藝術修養，加上天賦異稟的才華，李後主成為一位了不起的詞人。代表作〈一斛珠〉，描寫對象是他的妃子大周后，「櫻桃破」是形容大周后唱歌時張開細圓紅潤的嘴唇，就像一顆剛破開的櫻桃；〈相見歡〉中，把愁絲形容為「剪不斷，理還亂」這種糾葛狀態……李後主的想像力就是如此豐富，用優美的詞彙，具體形容出抽象的情感。

也許你會認為他奢侈逸樂，賠上了國家不值得可憐。但作為一位詞人的朋友，李後主觀察力之強、心思之細膩，寄情文字抒發最真摯的情感，這才是最讓我們羨慕、最值得學習的地方，而無關乎他是皇帝與否。

我是大導演

看完了李後主的故事之後，
現在換你當導演。
請利用紅圈裡面的主題（皇帝），
參考白圈裡的例子（例如：漁夫），
發揮你的聯想力，
在剩下的三個白圈中填入相關的詞語，
並利用這些詞語畫出一幅圖。

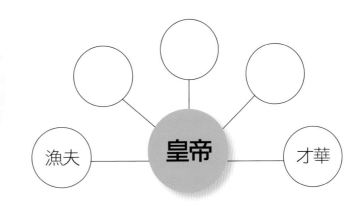

漁夫　皇帝　才華

◎ 少年是人生開始的階段。因此，少年也是人生最適合閱讀經典的時候。

　　因為，這個時候讀經典，可以為將來的人生旅程準備豐厚的資糧。

　　因為，這個時候讀經典，可以用輕鬆的心情探索其中壯麗的天地。

◎ 【經典少年遊】，每一種書，都包括兩個部分：「繪本」和「讀本」。

　　繪本在前，是感性的、圖像的，透過動人的故事，來描述這本經典最核心的精神。

　　小學低年級的孩子，自己就可以閱讀。

　　讀本在後，是理性的、文字的，透過對原典的分析與說明，讓讀者掌握這本經典最珍貴的知識。

　　小學生可以自己閱讀，或者，也適合由家長陪讀，提供輔助說明。

001 詩經　最早的歌
Book of Odes:The Earliest Collection of Songs
原著／無名氏　原典改寫／唐香燕　故事／比方　繪圖／AU

聽！誰在唱著歌？「關關雎鳩，在河之洲，窈窕淑女，君子好逑。」這是兩千多年前的人民，他們辛苦工作、努力生活，把喜怒哀樂都唱進歌裡頭，也唱成了《詩經》。這是遙遠從前的人們，為自己唱的歌。

002 屈原　不媚俗的楚大夫
Ch'ü Yüan:The Noble Liegeman
原著／屈原　原典改寫／詹凱婷　故事／張瑜珊　繪圖／灰色獸

如果說真話會被討厭、還會被降職，誰還願意說出內心話？屈原卻仍然說著：「是的，我願意。」屈原的認真固執，讓他被流放到遠方。他只能把自己的真心話寫成《楚辭》，表達心中的苦悶和難過。

003 古詩十九首　亂世的悲歡離合
Nineteen Ancient Poems:Poetry in Wartime
原著／無名氏　原典改寫／康逸藍　故事／張瑜珊　繪圖／吳孟芸

蕭統喜歡文學，喜歡蒐集優美的作品。這些作品是「古詩十九首」，不知道作者是誰，也無法確定究竟來自於何時。當蕭統遇見「古詩十九首」，他看見離別的人，看見思念的人，還看見等待的人。

004 樂府詩集　說故事的民歌手
Yuefu Poetry:Tales that Sing
編者／郭茂倩　原典改寫／劉湘湄　故事／比方　繪圖／菌先生

《樂府詩集》是古老的民歌，唱著花木蘭代父從軍的勇敢，唱出了採蓮遊玩的好時光。如果不是郭茂倩四處蒐集，將五千多首詩整理成一百卷，我們今天怎麼有機會感受到這些民歌背後每一則動人的故事？

005 陶淵明　田園詩人
T'ao Yüan-ming:The Pastoral Poet
原著／陶淵明　原典改寫／唐香燕　故事／鄧芳喬　繪圖／黃雅玲

陶淵明不喜歡當官，不想為五斗米折腰。他最喜歡的生活就是早上出門耕作，空閒的時候看書寫詩，跟朋友喝點酒，開心就大睡一場。閱讀陶淵明的詩，我們也能一同享受關於他的，最美好的生活。

006 李白　長安有個醉詩仙
Li Po:The Drunken Poet
原著／李白　原典改寫／唐香燕　故事／比方　繪圖／謝祖華

要怎麼稱呼李白？是詩仙，還是酒仙？是浪漫的劍客，還是頑皮的大孩子？寫詩是他最出眾的才華，酒與月亮是他的最愛。李白總說著「人生得意須盡歡」，還說「欲上青天攬明月」，那就是他的任性、浪漫與自由。

007 杜甫　憂國的詩聖
Tu Fu:The Poet Sage
原著／杜甫　原典改寫／周姚萍　故事／鄧芳喬　繪圖／王若齊

為什麼詩人杜甫這麼不開心？因為當時的唐朝漸漸破敗，又是戰爭，又是饑荒，杜甫看著百姓失去親人，流離失所。他像是來自唐朝的記者，為我們報導了太平時代之後的動亂，我們看見了小老百姓的真實生活。

008 柳宗元　曠野寄情的旅行者
Liu Tsung-yüan:The Travelling Poet
原著／柳宗元　原典改寫／岑澎維　故事／張瑜珊　繪圖／陳尚仁

柳宗元年輕的時候就擁有好多夢想，等待實現。幾年之後，他卻被貶到遙遠的南方。他很失落，卻沒有失去對生活的希望。他走進永州的山水，聽樹林間的鳥叫聲，看湖面上的落雪，記錄南方的風景和生活。

◎ 【經典少年遊】，我們先出版一百種中國經典，共分八個主題系列：
詩詞曲、思想與哲學、小說與故事、人物傳記、歷史、探險與地理、生活與素養、科技。
每一個主題系列，都按時間順序來選擇代表性的經典書種。

◎ 每一個主題系列，我們都邀請相關的專家學者擔任編輯顧問，提供從選題到內容的建議與指導。
我們希望：孩子讀完一個系列，可以掌握這個主題的完整體系。讀完八個不同主題的系列，
可以不但對中國文化有多面向的認識，更可以體會跨界閱讀的樂趣，享受知識跨界激盪的樂趣。

◎ 如果説，歷史累積下來的經典形成了壯麗的山河，那麼【經典少年遊】就是希望我們每個人
都趁著年少，探索四面八方，拓展眼界，體會山河之美，建構自己的知識體系。
少年需要遊經典。
經典需要少年遊。

009 李商隱　情聖詩人
Li Shang-yin:Poet of Love
原著／李商隱　原典改寫／唐香燕　故事／張瓊文　繪圖／馬樂原

「春蠶到死絲方盡，蠟炬成灰淚始乾。」這是李商隱最出名的情詩。他在山上遇見一個美麗宮女，不僅為她寫詩，還用最溫柔的文字説出他的想念。雖然無法在一起，可是他的詩已經成為最美麗的信物。

010 李後主　思鄉的皇帝
Li Yü:Emperor in Exile
原著／李煜　原典改寫／劉思源　故事／比方　繪圖／查理宛豬

李後主是最有才華的皇帝，也是命運悲慘的皇帝。他的天真善良，讓他當不成一個好君主，卻成為我們心中最溫柔善感的詞人，也總是讓我們跟著他嘆息：「問君能有幾多愁，恰似一江春水向東流。」

011 蘇軾　曠達的文豪
Su Shih:The Incorrigible Optimist
原著／蘇軾　原典改寫／劉思源　故事／張瑜珊　繪圖／桑德

誰能精通書畫，寫詩詞又寫散文？誰不怕挫折，幽默頑皮面對每一次困境？他就是蘇軾。透過他的作品，我們看到的不僅是身為「唐宋八大家」的出色文采，更令人驚嘆的是他處處皆驚喜與享受的生活態度。

012 李清照　中國第一女詞人
Li Ch'ing-chao:The Preeminent Poetess of China
原著／李清照　原典改寫／劉思源　故事／鄧芳喬　繪圖／蘇力卡

李清照與丈夫趙明誠雖然不太富有，卻用盡所有的錢搜集古字畫，帶回家細細品味。只是戰爭發生，丈夫過世，李清照像落葉一樣飄零，所有的難過，都只能化成文字，寫下一句「簾捲西風，人比黃花瘦」。

013 辛棄疾　豪放的英雄詞人
Hsin Ch'i-chi:The Passionate Patriot
原著／辛棄疾　原典改寫／岑澎維　故事／張瑜珊　繪圖／陳柏龍

辛棄疾，宋代的愛國詞人。收回被金人佔去的領土，是他的夢想。他把這個夢想寫進詞裡，成為豪放派詞人的代表。看他的故事，我們可以感受「氣吞萬里如虎」的氣勢，也能體會「卻道天涼好箇秋」的自得。

014 姜夔　愛詠梅的音樂家
Jiang K'uei:Plum Blossom Musician
原著／姜夔　原典改寫／嚴淑女　故事／張瓊文　繪圖／57

姜夔是南宋詞人，同時也是音樂家，不僅自己譜曲，還留下古代的樂譜，將古老的旋律流傳到後世。他的文字優雅，正如同他敏感細膩的心思。他的創作，讓我們理解了萬物的有情與奧妙。

015 馬致遠　歸隱的曲狀元
Ma Chih-yüan:The Carefree Playwright
原著／馬致遠　原典改寫／岑澎維　故事／張瓊文　繪圖／簡漢平

「枯藤老樹昏鴉，小橋流水平沙」，是元曲家馬致遠最出名的作品，他被推崇為「曲狀元」。由於仕途不順，辭官回家。這樣曠達的思想，讓馬致遠的作品展現曠氣，被推崇為元代散曲「豪放派」的代表。

經典
少年遊

youth.classicsnow.net

010
李後主 思鄉的皇帝
Li Yü
Emperor in Exile

編輯顧問（姓名筆劃序）

王安憶　王汎森　江曉原　李歐梵　郝譽翔　陳平原
張隆溪　張臨生　葉嘉瑩　葛兆光　葛劍雄　鄭培凱

原著：李煜
原典改寫：劉思源
故事：比方
封面繪圖：查理宛豬　鍾淑婷
內頁繪圖：查理宛豬

主編：冼懿穎
編輯：張瑜珊　張瓊文　鄧芳喬
美術設計：張士勇　倪孟慧
校對：呂佳真

企畫：網路與書股份有限公司
出版者：大塊文化出版股份有限公司
台北市10550南京東路四段25號11樓
www.locuspublishing.com
讀者服務專線：0800-006689
TEL：+886-2-87123898
FAX：+886-2-87123897
郵撥帳號：18955675
戶名：大塊文化出版股份有限公司
法律顧問：全理法律事務所董安丹律師

總經銷：大和書報圖書股份有限公司
地址：新北市新莊區五工五路2號
TEL：+886-2-8990-2588
FAX：+886-2-2290-1658
製版：沈氏藝術印刷股份有限公司

初版一刷：2012年9月
定價：新台幣299元